科学开窍了！

藏在衣食住行里的
科 学

歪歪兔童书馆 编绘

海豚出版社
DOLPHIN BOOKS
CICG 中国国际传播集团

4

目录

最方便的"交通工具"——双脚 / 4

红绿灯与斑马线 / 6

保证交通便利的马路 / 8

雷雨天出行要小心 / 10

雪天出行好帮手 / 12

如何找到东南西北？ / 14

走，骑自行车去！ / 16

搭乘公交车 / 18

哎呦，歪倒了！ / 20

走，去坐地铁！ / 22

升降电梯 / 24

自动扶梯 / 26

了不起的高铁 / 28

汽车是怎么工作的？ / 30

小心！刹车了！ / 32

无人驾驶汽车 / 34

热气球飞上天！ / 36

过山车里的科学 / 38

飞机起飞啦！ / 40

乘风破浪的大邮轮 / 42

扬帆起航 / 44

神奇的潜水艇 / 46

海底隧道 / 48

宇宙飞船 / 50

本书由中国科学院物理研究所博士后
赵云驰老师审定，特此致谢！

最方便的交通工具是什么？

当然是我们的双脚呀！

人的脚看起来不大，但是结构非常复杂，由皮肤、血管、神经、肌肉和骨骼等组织构成。

每只脚有26块骨头，包括7块跗骨、5块跖骨和14块趾骨。

跗骨：
构成了脚后跟和脚踝。

趾骨：
构成了脚趾，大脚趾最大最粗壮。

跖骨：
构成了向上隆起的足弓。

弯曲的足弓

2 当我们站在地上时，脚掌底部会向上隆起，形成足弓。足弓能承受身体的重量，并且起到缓冲、减震的作用，对人的行走很重要。

3 有些人的脚掌是平的，没有足弓，属于平底足，也叫扁平足。扁平足的人在行走和运动时，整个脚底都会接触地面，这会让脚承受更多的负荷，容易出现脚疼、脚酸等问题。

平底足

4 脚有时候容易出汗，汗液会加快脚底细菌的生长繁殖，所以我们要经常洗脚，勤换鞋袜哟！

5 走路的时候要注意姿势，要抬头、挺胸、看前方。姿势对了，用力才会对，双腿双脚才会更舒适。

你知道吗？每个人的脚趾长短排列是不太一样的，有的人五根脚趾长度依次递减，有的人脚趾基本一样长，还有的人第二根脚趾最长……

人的脚型大致可分为：罗马型、希腊型、埃及型、方型。

现在，脱下你的鞋袜，看看你的脚型是什么样的？

罗马型

希腊型

埃及型

方型

5

1 道路上人来车往，车辆川流不息。车辆和行人都要听从交通信号灯的指挥，才能保证道路畅通，人人安全。

快走，电影要开始了。

等等，现在是红灯，绿灯亮了我们才能过马路。

2 交通信号灯是由红、黄、绿三种颜色组成。为什么是这三种颜色呢？

因为，与其他颜色相比，红黄绿三色更加醒目，更容易区分清楚。

红色光的波长最长，穿透力最强，在很远的地方也能看得清清楚楚。人们用它表示"停止前行"。

黄色光的波长略短一些，颜色温暖，给人减缓放慢的缓冲效果。人们用它表示"缓行"。

绿色光的波长和黄色光差不多，但是，和红色光的区别最大，易于分辨。人们用它表示"通行"。

你们先走。

行人的"生命线"——斑马线

除了信号灯，马路上还有一个东西在保护你，那就是斑马线！

斑马线是人行横道线，由一条条平行的白色粗线条组成，画在黑色的沥青马路上，看起来好像斑马身上的条纹。

交通规则规定：行人正在通过或者准备通过斑马线的时候，机动车司机必须在斑马线前停车等候，让路给斑马线上的行人。你在穿越马路的时候，一定要从斑马线上走。

〉〉〉保证交通便利的马路

因为工人叔叔修了一条新路。

上个月这里还坑坑洼洼的，今天就变平整了！

修路啦！

〉1〉修一条路，路面切割机第一个出场，它要切割旧路面的沥青，"割开"马路，为下一步做准备。

轰隆轰隆！

路面切割机

〉2〉接着，挖掘机挖掘破碎的路面，卡车运走废弃的石头、沥青混凝土等。

挖掘机

〉3〉然后，工人整理一下路面，再倒上土和石头，用平地机把路面弄平整，用压路机连续不断地碾压，让路面结实、坚固。

〉4〉水泥搅拌机在一边不停地搅拌水泥、沙子、碎石等混合材料，搅拌好后把它们倒在压实的路面上，工人们再把它们铺平、铺好。

平地机

压路机

铺水泥

5 等水泥干了之后，洒水车给抹平的路面均匀地洒上水，摊铺机在路面铺上沥青。最后，工人会把塑料膜盖在路面上，等路面变硬再掀开。

摊铺机

6 工人检验路面的质量。在质量合格的路面上画上白线，新马路就可以正常使用啦！

快完工了！

"会唱歌"的公路

你知道吗？人们还设计修建了"音乐公路"。车走在上面，公路就会"唱起歌"，发出音乐声。

公路为什么会"唱歌"呢？这是因为人们在路面上切割出不同宽度、深度和间距的小沟槽。这些沟槽是根据乐曲的曲调设计切割的。当车开过时，轮胎与特定形状的沟槽撞击，就会将没有规律的轮胎噪音转化为具有旋律的有序声音。

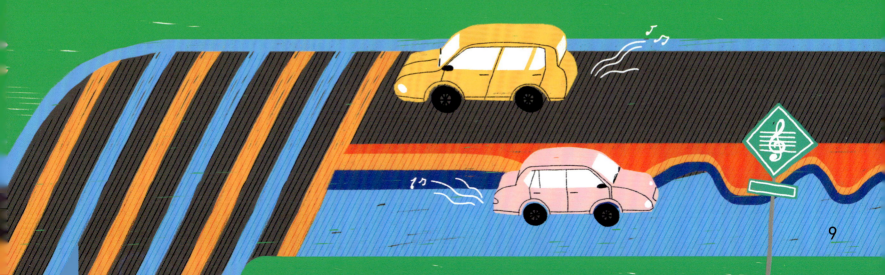

⚡ 雷雨天出行要小心

哇！雷公、电母出来啦！好可怕。

别怕，雷电其实是云朵造成的……

为什么会闪电打雷？

⚡1 空气中有许多水汽，水汽在高空遇冷凝结，形成积云。

⚡2 积云不断加厚、扩大，变成浓积云。浓积云继续上升，遇冷凝结，就会形成厚厚的积雨云。

如果在外面遇到雷雨天气，我们要记住——

1 户外高大物体的尖顶容易被雷击中。不要在大树、高大的烟囱、广告牌等物体下避雨。

2 在雷雨中快速移动也容易遭到雷击。所以不要在雷雨中奔跑，或者骑自行车。

3 积雨云的上层有很多正电荷，下层有很多负电荷。当云和云之间相互碰撞，产生摩擦，正负电荷就会开始放电，这就是闪电。

4 闪电爆发的瞬间，会"烫"到周围的空气。空气被闪电"烫"到了，体积就会膨胀变大，从而产生一股巨大的冲击波，这就是"轰隆隆"的雷了。

闪电和打雷几乎是同时发生的，但光比声音跑得快，所以我们总是先看到闪电，再听到雷声。

4 打雷的瞬间，会产生强大的电磁场，让手机失去信号或者烧坏手机。所以，打雷时不要接打手机。

3 金属物体容易导电，所以打雷闪电时不要在铁栅栏、金属物体或者铁路轨道附近停留。

接闪器 ——

引下线 ——

奇妙的避雷针

高大的建筑易遭雷电袭击。为此，人们发明了避雷针。在雷雨天里，避雷针的尖端可以吸引雷电，再通过引下线和接地装置，将雷电产生的电流引入地下，这样就能避免雷电的伤害了。

接地装置

雪天出行好帮手

别担心，铲雪车会把雪清扫干净的。

路面有一层厚厚的雪，真滑啊！都不能好好走路了！

下雪天如何除雪？

铲雪车是清除积雪的好帮手，它有除雪铲、抛雪叶轮、抛雪筒等部件来进行除雪工作。一辆铲雪车相当于20个清洁工呢！

除雪铲：能随着车辆的前进，连续将厚厚的积雪从路面上铲起来。

抛雪筒：除雪铲遗留下来的积雪会被吸入这里，再被抛到路的一侧。

抛雪叶轮：叶片高速旋转，利用离心力将积雪卷到路的两边。

2 融雪剂是一种化学制品，把它洒在积雪上，能够降低雪的融点，使雪更容易融化。

3 但是，融雪剂的残留物会腐蚀路面和汽车的橡胶轮胎，还会导致土壤盐分超标，造成绿化植物死亡。所以，人们主要采用铲雪车铲雪。

喷洒融雪剂

4 有时候，人们还会用工业盐来融化雪。不过，当路上的积雪融化以后，盐类物质会随着雪水渗入地下，对地下水资源造成污染，所以要尽可能地减少使用它们。

我洒！

盐为什么可以融化积雪？

水的凝固点是0℃，但是加入盐（可以是氯化钠、氯化钙等工业用盐，并不一定非得是食盐）之后，就变成了盐水，盐水的凝固点要低得多，没那么容易结冰。这就是撒盐化雪的道理。

工业盐

还有什么方法可以融化积雪？

人们还可以撒煤渣融化积雪。冰雪是白色的，不容易吸收热量。煤渣是黑色的，容易吸收阳光的热量，这样就可以让雪融化得更快。

煤渣

13

如何找到东南西北？

不好，迷路了！怎么找方向？

看地图、看太阳、看指南针、看树木，都可以帮我们找到方向！

1 用地图找方向。

景区里一般会立着游览地图。地图上会有一个方向指示标，指着北方。找到北方，你就可以根据"上北下南，左西右东"的口诀，判断出方位。

N

您所在的位置

哪儿是北呢？

2 用指南针找方向。

指南针里面有一根磁针，当磁针静止时，它总是会一端指向南，一端指向北。

3 用太阳找方向。

太阳也是非常好的"指向明灯"。太阳每天从东方升起、在西边落下，太阳照射下物体的影子则会由西向东移动。竖起一根木棍，记录下一段时间之内木棍影子的移动变化，就能找到"西"和"东"。

影子从西向东移动

4 用大树找方向。

我们还可以利用大树枝叶和年轮的疏密找方向。树木会向阳光好的地方生长。所以，北半球的树木靠南边的枝叶繁密，树木也长得粗壮，大树年轮南面则会更宽阔稀疏。

指南针为什么能指南？

地球本身就是一个巨大的磁体，它的南极和北极位于地球的两端。地球的南极会吸引磁针上的北极，地球的北极会吸引磁针上的南极。当指南针静止时，磁针永远一个指向南，一个指向北，就能给我们指方向了。

走，骑自行车去！

呜呜，我学不会骑自行车，总是摔倒怎么办？

慢慢来，我们来看看自行车是怎样走起来的。

❶ 首先，你需要用脚蹬踏板。踏板一转动，连接着的齿轮就会转动。齿轮通过链条带动后轮转动，后轮带动前轮，车子就动了。

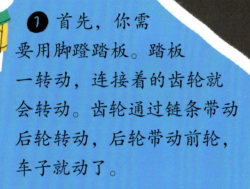

❷ 自行车之所以能向前走，还因为轮胎上有花纹。花纹可以让车轮和地面之间形成足够的摩擦力，让地面推动自行车向前运动。

❸ 当自行车两个车轮快速转动时，运动惯性能让自行车保持平衡向前走。这就像陀螺快速旋转时不会倒一样。

❹ 如果你想让自行车减速或者停下，握住刹把就可以了。当你用力握紧刹把，刹把连着的刹车片就会接触轮胎，用摩擦力阻碍轮胎转动，车子就不会前进了。

摩擦　摩擦

16

骑自行车要注意!

❶ 请在自行车专用道上骑行，这样不容易撞到机动车或者行人。

❷ 骑行时必须戴上头盔，头盔可以在摔倒时保护你的头部。

❸ 在大雾天，请放慢车速，注意避让行人和车辆。

❹ 雨雪天气时尽量不骑自行车，这时候地面湿滑，很容易摔倒。

各种各样的自行车

我骑的是大小轮自行车。前面轮子大，后面轮子小，是不是很酷!

我骑的是山地自行车。轮胎比普通自行车更宽，车架结构更粗犷，还有调节速度的变速器。

大小轮自行车

山地自行车

我们骑的是多人自行车。可以多人一起骑，适合观光旅行。

多人自行车

我骑的是平衡自行车。没有链条和踏板，全靠双脚蹬地和惯性前进。

平衡自行车

❺ 如果你想调节方向，可以转动车把。车把控制前面车轮的方向，前轮带动后轮转弯，车子就转弯了。

❻ 自行车上还有铃铛。"叮叮当!"你可以摁响它提醒前面的人。

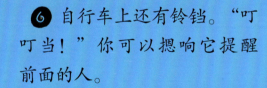

小心! 我要来了!

17

搭乘公交车

好啊，我们还可以看到路边的风景！

我们坐公交车去公园吧！

1　公交车有固定的路线、固定的停靠站点，还有固定的发车时刻表。在同一个城市内出行，搭公交车非常方便！

2　公交车一般都是长长的。一是这样空间比较大，可以容纳更多乘客；二是公交车的车速不需要太快，所以不需要设计成流线型来减小风的阻力。

座椅靠背扶手

车厢立杆扶手

车厢横杆扶手

横杆垂吊扶手

车门内侧扶手

踏板桥

3　公交车的门口处有黄色辅助踏板，叫踏板桥，只需要掀开，就能形成一个坡道，方便腿脚不便的人上下车。

4　公交车上设计了不少扶手。车门内侧扶手方便乘客上下车抓扶。车厢横杆扶手方便乘客在车厢内站立时抓扶。车厢立杆扶手主要用来固定横杆扶手。横杆垂吊扶手会吊在横杆上，自然垂下来让乘客抓扶。座椅靠背也有扶手，乘客也可以抓住座椅靠背保持平衡。

搭公交车时要注意！

❶ 有时候上下车的人多，不要着急，不要向前挤，要排队上下车。

❷ 在公交车上不要大声喧哗，不要在车上打闹，这不安全，也会影响其他人。

❸ 到站前，要提前向车门移动，如果人太多，礼貌地说："请让一让，我要下车了。"

5 公交车的支付区域一般会设在上下车门旁。有现金箱可以投币，也可以刷IC卡或者二维码支付。

公交车里的离心现象

1 当车辆转弯的时候，如果速度太快，车上的人就会感觉自己向转弯外侧的方向歪倒，这是因为受到了离心作用的影响，人们通常叫它离心力。

哎呀，公交车要转弯了。

离心作用

2 离心力其实是一种惯性的体现，它会使旋转的物体远离旋转中心。一般是当物体进行圆周运动的时候发生的。

小心！扶稳！

要抓好扶手，不然你会歪到一边去！

3 当公交车紧急刹车时，车上的乘客还会受到惯性的影响往前倒。所以，乘坐公交车的时候要抓紧扶手，以免因为惯性而站不稳。

旋转飞椅的离心现象

在游乐场玩旋转飞椅时，当机器开始旋转，椅子会向外"飞"起来，坐在上面有一种将要被"甩"出去的感觉，这就是离心现象。

雨伞上的离心现象

下大雨，雨伞上会落满雨水。这时，如果旋转雨伞，伞面上的水珠受到了旋转产生的离心力，就会被甩出伞外。

4 因为有离心作用的影响，汽车转弯时，司机要把速度放慢。如果速度太快，车辆就有可能发生侧翻。

哎呀！我要歪倒了！

小心，转弯了！

21

走，去坐地铁！

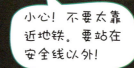

黄色安全线

屏蔽门

压强小

压强大

1 你可能发现了，地铁站台地上一般都有一条黄色的安全线。为什么要画这条线呢？

2 这和一个物理定律——"伯努利定律"有关。这个定律是一个叫丹尼尔·伯努利的人在 1738 年提出的。伯努利定律认为：在水流或者气流中，速度小的地方压强大，速度大的地方压强小。压强大的地方会给压强小的地方一个推力。

22

地铁座椅的科学设计

　　和公交车、高铁不一样，地铁上大多使用的是"平滑联排座椅"，让座位分布在车厢两侧。不设分割的座椅能灵活安排坐下来的人数，挤一挤还能多坐点儿人。

　　地铁座椅一般设计成滑滑的，这样更容易清洁，保持干净。

🚊 当地铁列车驶过来时，靠近列车车厢的空气被带动，会快速流动起来，这个地方的压强就小。远离车厢的部分空气流速慢，压强就大。人如果站得离车厢太近，就会感觉到有一股推力，将自己推向车厢。

🚊 为了安全起见，现在的地铁站台除了有安全线，还会加装屏蔽门，避免乘客被"推入"地铁轨道。

升降电梯

幸亏有了电梯，上多高的楼都不怕。

电梯真快呀！

轿厢

牵引绳

电梯井道

对重

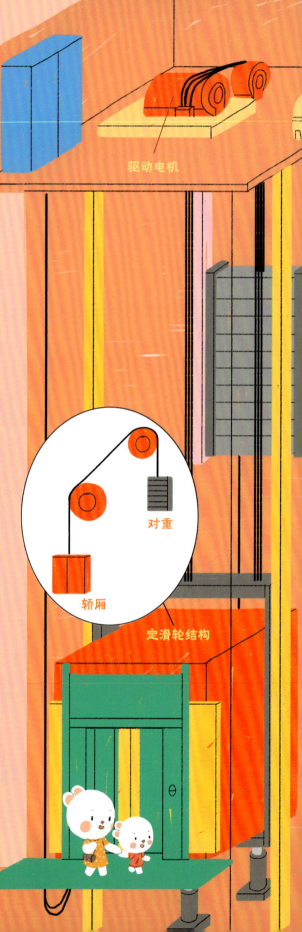

驱动电机

对重

轿厢

定滑轮结构

1 我们每天乘升降电梯上上下下，进入的只是电梯的一部分——轿厢。一部电梯主要由电梯井道、对重、轿厢、驱动电机和牵引绳组成。

2 轿厢外面更大的长方体，相当于电梯的轨道，就是电梯井道。轿厢必须在电梯井道里才能运行。

3 电梯里有一个和轿厢差不多重量的物体，叫对重。对重和轿厢之间是一个定滑轮结构。当轿厢下降，对重就会上升；当轿厢上升，对重就会下降。这样就可以让轿厢运行时保持平衡。

4 在对重和轿厢之间有驱动电机。驱动电机可以提供牵引力，它和电脑控制器相连接。当你按下楼层按钮，驱动电机会牵引轿厢，让轿厢上升或下降。

乘电梯时要注意！

❶ 不要随便乱按电梯里面的按钮。

❷ 不要在电梯里面打闹、玩耍。

❸ 不要用手扒电梯门。

❹ 不能倚靠在电梯门上。

❺ 发生地震、火灾时，严禁乘坐电梯。

被关在电梯里怎么办？

千万不要惊慌！快速按下电梯里面的报警电话按钮，等待救援。

如果电梯突然下坠怎么办？

请迅速按下每层楼的按键，然后将背部和头部贴紧电梯内墙，通过墙壁保护脊椎。等电梯停止下坠以后，再拨打电话或按报警按钮求救。

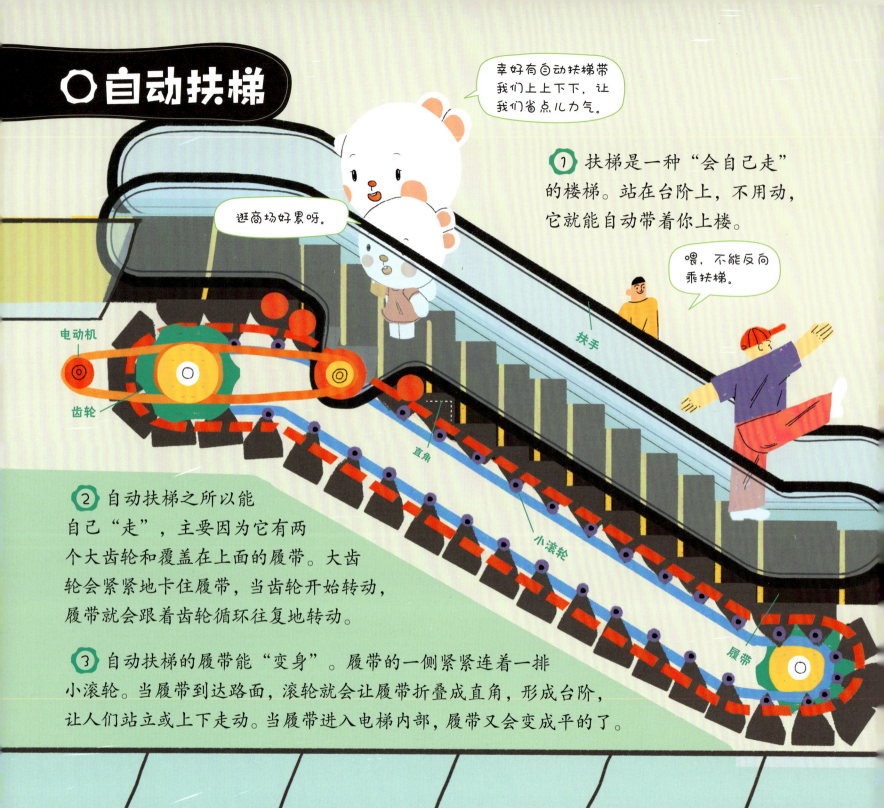

幸好有自动扶梯带我们上上下下，让我们省点儿力气。

逛商场好累呀。

1 扶梯是一种"会自己走"的楼梯。站在台阶上，不用动，它就能自动带着你上楼。

喂，不能反向乘扶梯。

电动机

齿轮

扶手

直角

小滚轮

履带

2 自动扶梯之所以能自己"走"，主要因为它有两个大齿轮和覆盖在上面的履带。大齿轮会紧紧地卡住履带，当齿轮开始转动，履带就会跟着齿轮循环往复地转动。

3 自动扶梯的履带能"变身"。履带的一侧紧紧连着一排小滚轮。当履带到达路面，滚轮就会让履带折叠成直角，形成台阶，让人们站立或上下走动。当履带进入电梯内部，履带又会变成平的了。

4 自动扶梯是通过循环结构来运行的，可以随意调整运行方向。当你乘坐扶梯的时候，一定要先看清，扶梯到底是向上还是向下运行的哟！

乘自动扶梯时要注意！

1️⃣ 不能反方向乘坐自动扶梯。

2️⃣ 黄色安全线都是危险区域，不要踩在上面。

3️⃣ 不要把脚踩在上下台阶的连接处。

4️⃣ 当扶梯发生意外时，可以按下急停按钮，使扶梯停止运行。

5️⃣ 遇到扶梯倒行时，要迅速抓紧扶手，压低身体保持稳定。

6️⃣ 不要穿鞋底太软的鞋乘自动扶梯。

我可不能上扶梯，洞洞鞋会卷进扶梯里的！

黄色安全线

急停按钮

危险！

27

接触网

了不起的高铁

高铁不仅快，还很智能呢！

哇！嗖的一下就过去了！高铁这么快！

高铁是怎么开动起来的？

1 火车是依靠煤或柴油作为动力来驱动的，现在的高铁则是靠电来驱动的。高铁的头顶上有高压线（接触网），它可以向高铁输送电力。高铁车厢的电机把电能转化成机械能，让火车开动。

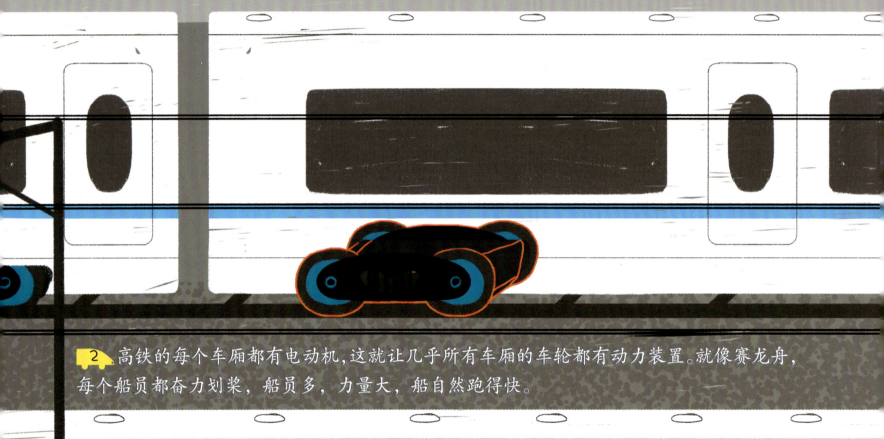

2 高铁的每个车厢都有电动机，这就让几乎所有车厢的车轮都有动力装置。就像赛龙舟，每个船员都奋力划桨，船员多，力量大，船自然跑得快。

哇！这么快就到了！

声波抵消

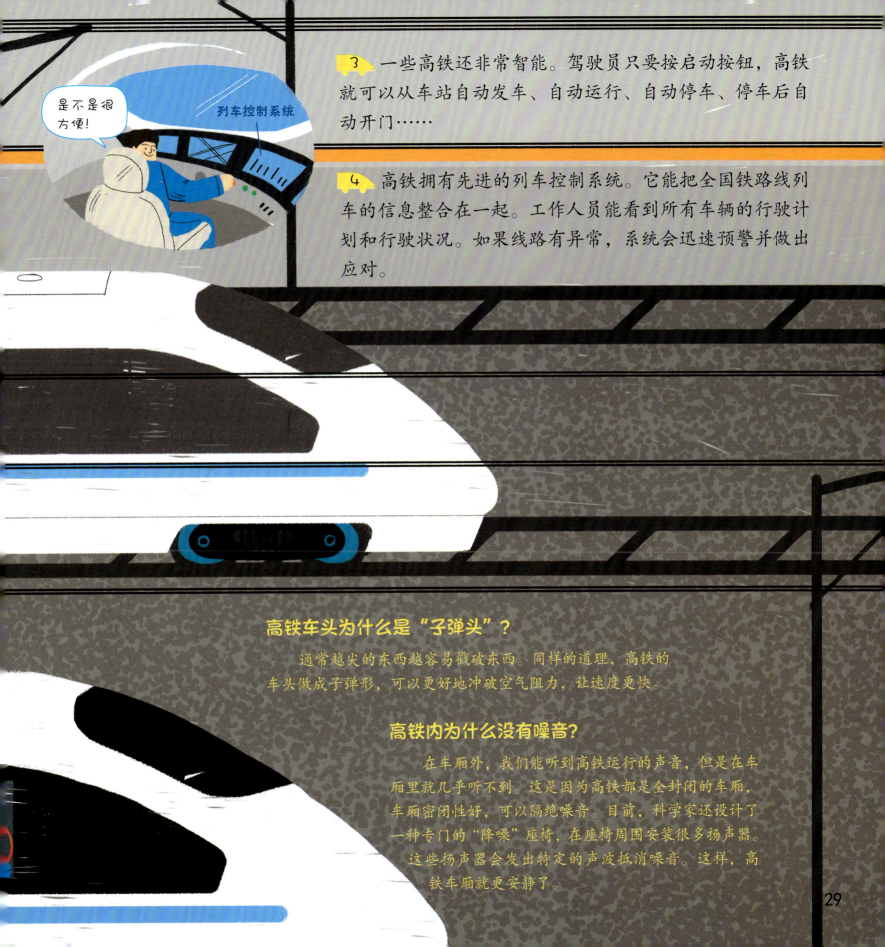

3　一些高铁还非常智能。驾驶员只要按启动按钮，高铁就可以从车站自动发车、自动运行、自动停车、停车后自动开门……

是不是很方便！

列车控制系统

4　高铁拥有先进的列车控制系统。它能把全国铁路线列车的信息整合在一起。工作人员能看到所有车辆的行驶计划和行驶状况。如果线路有异常，系统会迅速预警并做出应对。

高铁车头为什么是"子弹头"？

通常越尖的东西越容易戳破东西。同样的道理，高铁的车头做成子弹形，可以更好地冲破空气阻力，让速度更快。

高铁内为什么没有噪音？

在车厢外，我们能听到高铁运行的声音，但是在车厢里就几乎听不到。这是因为高铁都是全封闭的车厢，车厢密闭性好，可以隔绝噪音。目前，科学家还设计了一种专门的"降噪"座椅，在座椅周围安装很多扬声器。这些扬声器会发出特定的声波抵消噪音。这样，高铁车厢就更安静了。

汽车是怎么工作的?

汽车看上去就是个铁盒子, 怎么能跑得那么快?

嗡嗡……

因为它有强大的发动机呀!

汽车是怎样"跑"起来的?

1 驾驶员启动汽车, 汽车里的电路被接通, 会产生电火花。

2 汽车的发动机里有气缸和活塞。电火花会点燃气缸里的混合气体, 产生巨大的推力, 推动活塞上下运动。活塞再推动一系列复杂的轴承运动, 最后推动汽车轮子转动, 汽车就可以"跑"起来了。

3 在行驶过程中, 要想让汽车跑得更快, 就需要"踩油门"。踩油门踏板可以让更多汽油喷入气缸, 它们和空气混合, 充分燃烧, 会产生更多能量, 推动汽车发动机转得更快, 汽车也就跑得更快。

4 如果想要停车, 驾驶员要踩下刹车踏板。这时, 刹车踏板会启动刹车系统, 产生巨大的摩擦力, 让车轮慢慢停止转动, 汽车就慢慢停下来了。

汽车的结构

排气管: 排放燃烧后的废气。

油箱: 汽车贮存汽油的地方。

悬架: 支撑车轮重量的架子。

电动汽车

这是电动汽车。它不需要汽油，主要依靠电能来驱动电动机运转，电动机再带动车轮旋转，汽车就可以跑起来了。

电动机

动力电池

充电装置

变速器：发动机产生的动力从这里传递给四个轮子。

刹车踏板：脚踩上去，可以帮助汽车停车。

发动机：让汽车产生动力的地方。这里有气缸，汽油和空气在气缸里燃烧，产生动力。

到加油站时要注意！

没了动力，我们就会去加油站给汽车加油。由于汽油容易点燃、爆炸，进入加油站时，我们要记得停车熄火。加油站里也不允许打电话，因为从理论上说，手机发射或接收射频电磁波，产生射频电流，在金属导体中可能产生电火花，引发爆炸。

小心！刹车了！

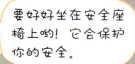

咦？小玩偶飞出去了！

要好好坐在安全座椅上哟！它会保护你的安全。

1 行驶中的汽车突然刹车，你会感觉好像被一个看不见的力量推了一把，向前倒去。这是因为虽然车停止行驶，但车上的人会由于惯性仍然保持向前进的趋势。

惯性

2 发生交通事故时，汽车会紧急停止，车上的人就可能会因为惯性被甩出去。

3 如果你坐在安全座椅上，就不用害怕了。安全座椅可以把你固定住。它的材料也可以起到缓冲作用，减轻碰撞带来的冲击力。

安全气囊是怎么工作的？

当车辆撞车达到一定的强度时，在10毫秒内，碰撞传感器会接通电流、点燃气囊的气体发生器，让气囊充满氮气。

40毫秒时，安全气囊完全胀起。

发生事故时，大人怎么保护自己呢？

大人要系上安全带哟！

4 大人不用坐安全座椅，但是需要系上安全带。安全带的作用也是固定人的身体，防止人因为惯性被甩出去。

安全气囊

安全带

5 汽车上还有一个重要的"安全保护伞"——安全气囊。一辆汽车一般装有2~4个安全气囊。两个装在车辆驾驶和副驾驶座位前方，能对前排乘员进行有效保护；还有两个装在座椅侧面，能够缓冲侧面强大的冲击力。

60毫秒时，驾驶员的头部和身体上部压向安全气囊。

110毫秒以后，大部分气体从安全气囊中逸出。

无人驾驶汽车

妈妈，你看那个汽车没有驾驶员……

对呀，现在汽车已经有无人驾驶技术了！

1. 无人驾驶汽车不需要驾驶员。它自己就有一个智能的系统，整个系统让汽车可以像人类驾驶员一样，自己"操控"自己开车。

2. 无人驾驶汽车会配备各种"聪明"的硬件，它们让汽车精准地识别周围环境，自动避让障碍物，自动转弯等。

汽车的头顶和四周有雷达，它可以"感觉"周围有什么障碍物。

前面有障碍物了，绕过去！

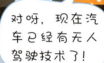

汽车的前面有摄像头。它能识别交通信号灯，还能看到前方的车辆、自行车和行人。

汽车车头处和两侧的轮子上有传感器，它能确定车辆在马路上的正确位置。

咱们和边线的距离是20cm。

汽车还有一个主控电脑。它可以判断行驶路线，指挥车辆该往哪边走。

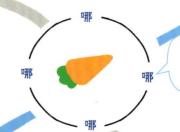

我们照着蓝色的线路走就对了！

激光雷达

摄像头

主控电脑

你好，主人！

距离传感器

左右轮位置传感器

嘿！我要拐弯了，麻烦让一让。

③ 除了驾驶，无人驾驶汽车还能跟其他车辆"聊天"——它能够通过无线网络和整个交通系统连起来，及时了解各条道路的交通信息，自动调整行驶策略。

我们等一会儿！

好的。

35

🎈 热气球飞上天！

热气球隐形的"翅膀"其实是——热空气……

为什么热气球能升上天？它有一双隐形的翅膀吗？

① 乘着热气球，你可以飞上天。热气球之所以能飞起来，主要靠热气球的三大结构：球囊、燃烧器和吊篮。

球囊：
热气球的球囊一般由长条状的尼龙布制成。尼龙非常轻，但很结实，而且不容易烧着，很适合用来制作热气球。人们还会在球囊底部的尼龙裙摆处，涂上特殊的防火材料，防止球囊被火焰点燃。

燃烧器：
球囊下面有燃烧器。燃烧器会燃烧液化石油气，周围的空气被加热，然后注入球囊。因为热空气密度小，比周围的冷空气轻，热气球就会升上天。

吊篮：
燃烧器下方是吊篮，这是驾驶员和乘客站立的位置。吊篮一般由藤条编织而成，吊篮的四个角都连接着球囊，可以让吊篮的重心更稳固。吊篮里还会携带备用的燃料气瓶。

2 热气球怎么前进？

热气球没有螺旋桨，如果想让热气球前进，只能"御风而行"。风的大小和方向会随着高度发生变化，驾驶员只需调整上升和下降的高度，驾驭不同的气流，热气球就会跟着气流的方向前进。

3 热气球怎么降落？

控制燃烧器里的火力大小，减小至慢慢关闭，球囊里的空气会慢慢变冷，就没有那么大的浮力了。当热气球的浮力小于自身的重力，热气球就会慢慢降落。

你知道吗？热气球是人类最早的飞行工具。早在18世纪，人们就发明了热气球。1783年9月的一天，法国的孟格菲兄弟让一只羊、一只鸭子和一只公鸡搭乘热气球飞行。这次热气球飞了8分钟，直到燃料耗尽后在三千米外降落下来，三只动物安然无恙。这次实验证明了热气球升空不会导致动物死亡。

除了看风景，热气球还能做什么？

气象观测：

让热气球携带测量仪器升空，可以测量温度、相对湿度、气压、风速和风向等多种数据，再借由无线电波传回给地面接收站。

军事用途：

在热气球上装上雷达系统，进行军事侦察和监视。

过山车里的科学

过山车不仅好玩，里面还有很多物理知识呢！

哇哦！过山车太好玩了！

爬升区

① 首先，我们会进入爬升区。在这个阶段，过山车会利用电力不断推动列车前进，让列车缓慢爬到顶端。随着高度不断增加，过山车会获得一种能量——势能。

这里是乘车区，坐着小列车，我们出发啦！

乘车区

真惊险！

有趣的超重

生活在地球上的人，每时每刻都在受到地球引力（也就是重力）的影响。当坐着过山车加速上升时，你会感觉有一个无形的力压着你，你感觉自己好像更重了，这种现象叫作"超重"。

⑤ 最后，过山车到达终点。

哇哦！太刺激了！

② 当到达最高点，在重力的作用下，列车会向下俯冲，且速度越来越快。在这个过程中，势能会不断转换为动能，让列车前进。

③ 之后，列车会到达连续回环区。这里是几个高度依次降低的回环。在弯道处，你会受到向上的离心作用，让你感觉好像被吸在座椅上。

连续回环区

有趣的失重

当列车从空中高速俯冲下来，离心作用抵消了一部分重力，让你的屁股想要离开座位"飘"起来。你感觉自己好像失去了重量，变得更轻了，这种现象叫作"失重"。

④ 现在我们来到了减速区。列车的车轮和轨道会摩擦产生阻力，空气阻力也会阻碍列车运行，它们合力让过山车慢慢减速。

✈ 飞机起飞啦！

哇！飞机为什么能飞起来？

因为飞机有一双神奇的翅膀！

飞机为什么能飞上天？

1 飞机在跑道上快速助跑，然后就能飞起来。大多数飞机由五个主要部分组成：机翼、机身、尾翼、起落装置和动力装置。

2 飞机的机翼上面是弧形的，下面是平直的。助跑和飞行时，根据伯努利定律，机翼上面的空气流动快，压强小；下面的空气流动慢，压强大。压强大的地方会对压强小的地方有一个力，所以飞机获得一个向上的升力。

机翼：产生升力，支持飞机在空中飞行。

流速快，压强小

流速慢，压强大 — 升力

机身：装载人员、货物和各种设备。

起落装置：用来支持飞机的机身，并使飞机能在地面起落。

3 飞机动力装置连着螺旋桨，螺旋桨转动，带动气流转动，从而让气流对飞机产生牵引力和推力，飞机就能前进了。

尾翼：包括水平尾翼和垂直尾翼。操纵飞机俯仰和偏转，保证飞机平稳飞行。

动力装置：产生拉力或推力，使飞机前进。

为什么大部分飞机的身体是白色的？

虽然有一些飞机会涂上红色、绿色、紫色等作装饰，但一般飞机大面积是白色的。白色的飞机有很多好处：白色让飞机不那么容易吸热。白色在蓝色天空中更亮眼，避免被鸟类撞击。如果飞机不幸坠落，白色飞机也更容易被发现。

乘风破浪的大邮轮

在飞机上能看到蓝蓝的天，在大邮轮上能看到蓝蓝的海。

是啊，它们都是很厉害的交通工具。

1 邮轮像是一幢在海上移动的大酒店，它体形巨大，里面有客房、餐厅、电影院、健身房、游乐场、游泳池……真是应有尽有！

2 如此巨型的"钢铁大块头"，为什么能浮在水面不下沉？而我们往水里扔一个小小的铁块，都会沉入水底？

真美味!

王冠受到的浮力小于自己的重力，会沉到水里去!

3 古希腊科学家阿基米德就发现了其中的秘密。当一个物体浸没在水中时，总会排出一定体积的水，它所受到的浮力就等于它排开水的重力。物体排开的水量越多，物体所受的浮力就越大。

重力

浮力

4 钢铁制成的邮轮虽然很沉，但内部有很大的中空部分。空心的船体增大了船只的体积，使它能够排开更多的水，让它受到很大的浮力。当邮轮受到的浮力和它的重力达到平衡，邮轮就能浮在水面上。

空心的

使劲儿!

5 铁块体积很小，在水中受到的浮力也相对较小，浮力不足以抵消其重力，所以会沉入水中。

大部分邮轮底部都是红色的。这是因为邮轮在海里航行时，许多海洋生物会聚集在船底，它们会腐蚀船底，给船增加重量，让船的阻力更大。所以，人们会用铁甲把船底包裹上，还会刷上一层防锈漆，里面还加了很多特殊物质，防止海洋生物吸附。这层漆里的物质有很多是红色的，所以船底就是红色的了。

扑通!

43

神奇的潜水艇

我们可以到海底看看吗？

当然可以，乘着潜水艇就可以到海底啦！

1 潜水艇是能够在水下运行的舰艇。它能进行海洋科学研究、勘探开采、水下旅游、军事侦察等工作。

2 潜水艇是通过注入、排出海水来控制潜水艇的上浮与下潜的。

潜望镜

螺旋桨

方向舵

3 当人们将水箱里的海水排出潜水艇，减轻艇的重量，潜水艇就能上浮了；当人们将海水注入潜水艇的水箱，增加艇的重量，潜水艇就能下潜了。

海水注满水箱

海水排出水箱

4 潜水艇里没有氧气了怎么办?

　　潜水艇会使用氧气罐等供氧设备为人们
提供氧气,供人们呼吸。有时,潜水艇还会
上浮到水面,通过换气管与外界交换空气,
补充新鲜氧气。

动物和潜水艇的故事

　　你知道吗?潜水艇是受到鱼儿的启发发明出
来的。人们观察到鱼的体内有一个鱼鳔,鱼可以
通过充气和放气控制身体,在水中上浮或下沉。
科学家据此发明了潜水艇。

鱼鳔

上升

悬浮

下沉

17

海底隧道

哇！这个隧道可以看到海底的鱼。

还有更厉害的海底隧道，可以让人们在里面开车呢！

1 为什么要修建海底隧道？

想要跨海，除了坐船，还可以走海底隧道。海底隧道是修建在海底的一种通道，它不会妨碍海面的船只航行，也不会受到大风、大雾等天气的影响，非常方便快捷！

2 怎么建海底隧道？

大海里充满了水，这就让在海底施工的难度非常大。人们怎么在海底建隧道呢？现在，人们主要通过两种方法建海底隧道。

方法一：

人们会提前在陆地上建好一节一节的管道，把它们一个一个沉到海底。这些管道都是密封的，等它们沉到海底时再接通起来。

方法二：

人们还想了一种办法——在海洋底下的岩石层里挖隧道。这样，施工中不会遇到海水，这就跟在普通山洞里挖隧道的方法一样了。

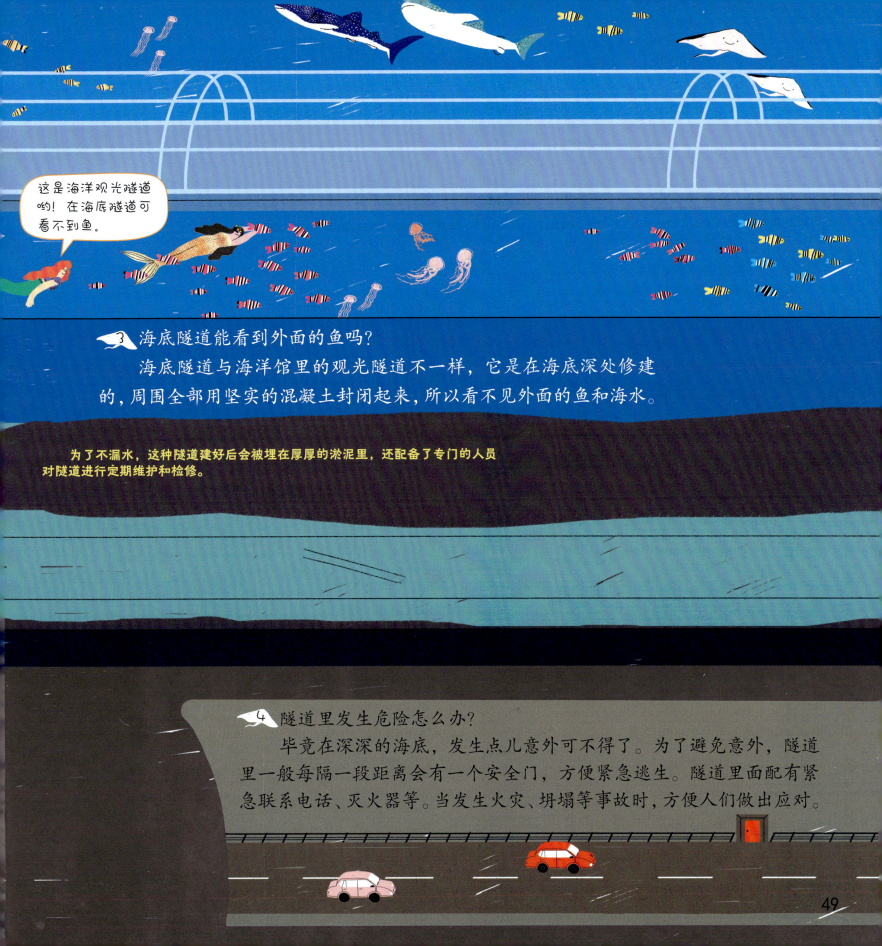

这是海洋观光隧道哟！在海底隧道可看不到鱼。

3 海底隧道能看到外面的鱼吗？

海底隧道与海洋馆里的观光隧道不一样，它是在海底深处修建的，周围全部用坚实的混凝土封闭起来，所以看不见外面的鱼和海水。

为了不漏水，这种隧道建好后会被埋在厚厚的淤泥里，还配备了专门的人员对隧道进行定期维护和检修。

4 隧道里发生危险怎么办？

毕竟在深深的海底，发生点儿意外可不得了。为了避免意外，隧道里一般每隔一段距离会有一个安全门，方便紧急逃生。隧道里面配有紧急联系电话、灭火器等。当发生火灾、坍塌等事故时，方便人们做出应对。

宇宙飞船

乘坐宇宙飞船就可以实现你的梦想。

要是我能飞到太空去旅行就好了。

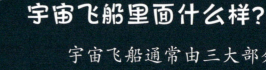

轨道舱
返回舱
推进舱
太阳能电池板

载人宇宙飞船是一种负责将航天员、货物等送往太空的航天器。航天员可以乘坐飞船进入太空，执行各种航天任务，然后返回地面。

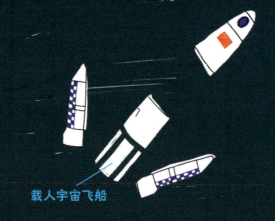

载人宇宙飞船

宇宙飞船里面什么样？

宇宙飞船通常由三大部分组成：一是返回舱，二是轨道舱，三是推进舱。宇宙飞船的两翼还配备太阳帆，也叫太阳能电池板。太阳帆可以吸收太阳光，来给设备提供所需的电能。

返回舱：宇宙飞船的控制中心。航天员升空和返回都坐在这个座舱中，因此也被称为载人舱。

轨道舱：这里面装备有各种实验仪器和设备，是航天员在外太空工作的场所。

推进舱：推进舱的尾部是飞船的推进系统，为飞船提供动力。

宇宙飞船怎样飞行？

宇宙飞船要发射升空，需要火箭的推力推动。当宇宙飞船加速到一个相当快的速度后（科学家叫它第二宇宙速度），就可以脱离地球引力，飘浮在太空中飞行。

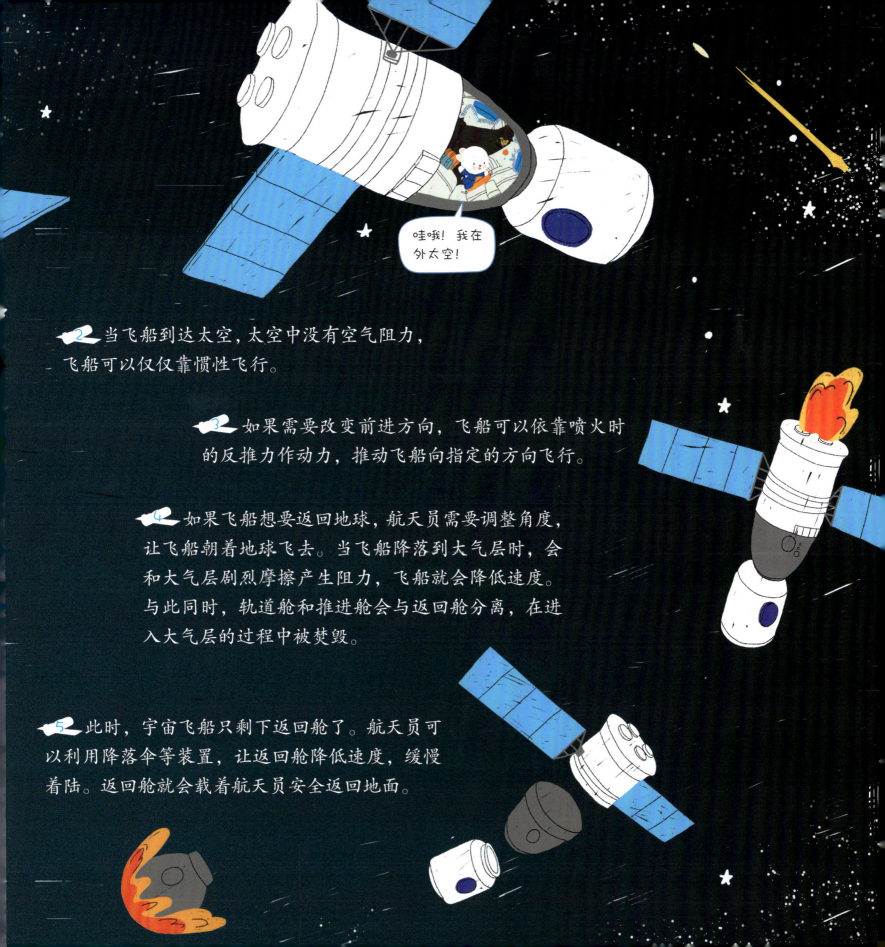

哇哦！我在外太空！

2 当飞船到达太空，太空中没有空气阻力，飞船可以仅仅靠惯性飞行。

3 如果需要改变前进方向，飞船可以依靠喷火时的反推力作动力，推动飞船向指定的方向飞行。

4 如果飞船想要返回地球，航天员需要调整角度，让飞船朝着地球飞去。当飞船降落到大气层时，会和大气层剧烈摩擦产生阻力，飞船就会降低速度。与此同时，轨道舱和推进舱会与返回舱分离，在进入大气层的过程中被焚毁。

5 此时，宇宙飞船只剩下返回舱了。航天员可以利用降落伞等装置，让返回舱降低速度，缓慢着陆。返回舱就会载着航天员安全返回地面。

思维导图

道路交通工具

自行车

原理
- 踏板带动连接着的齿轮转动,齿轮通过链条带动后轮转动,后轮带动前轮,车子就动了。
- 自行车轮胎上的花纹让车轮和地面之间形成足够的摩擦力,能推动自行车向前运动。
- 当自行车两个车轮快速转动时,运动惯性能让自行车保持平衡向前运动。
- 刹车时,刹把连着的刹车片就会接触轮胎,用摩擦力阻碍轮胎转动。
- 车把控制前面车轮的方向,前轮带动后轮转弯,车子就转弯了。

注意事项
- 雨雪天不骑自行车,大雾天放慢车速,骑行活动戴头盔,在自行车专用车道上骑行。

公交车

公交车优点
- 有固定的路线、固定的停靠站点,还有固定的发车时刻表,适合市内出行。

公交车设计
- 公交车的车速不需要太快,不用设计成流线型来减小风的阻力。设计成长方形能容纳更多乘客。
- 踏板桥掀开后能形成坡道,方便腿脚不便的人上下车。
- 扶手设计:车门内侧扶手、车厢横杆扶手、车厢立杆扶手、横杆垂吊扶手、座椅靠背抓手。

公交车里的离心力
- 车辆转弯速度太快,车上的人会受到离心作用的影响,感觉自己向转弯外侧的方向歪倒。
- 离心力是一种惯性体现,会使旋转的物体远离旋转中心。
- 当公交车紧急刹车时,车上的乘客还会受到惯性的影响往前倒。
- 汽车转弯时,司机要把速度放慢。如果速度太快,车辆就有可能发生侧翻。

地铁

伯努利定律
- 在水流或者气流中,速度小的地方,压强大;速度大的地方,压强小。压强大的地方会给压强小的地方一个推力。
- 地铁列车驶过,靠近列车车厢的空气流速快,压强小,远离车厢的部分空气流速慢,压强大。人如果站得离车厢太近,会被推到车厢附近。

地铁设计
- 为了安全,地铁站台会加装屏蔽门或画安全线,避免乘客被"推入"地铁轨道。
- 平滑联排座椅的设计能灵活安排坐下来的人数,更容易清洁,保持干净。

高铁

高铁设计
- 高铁靠电来驱动,高铁的头顶上有接触网,可以向高铁输送电力。
- 高铁的每个车厢都有电动机,让几乎所有车厢的车轮都有动力装置,使高铁速度很快。
- 高铁拥有先进的列车控制网络系统,能监控所有车辆的行驶计划和行驶状况。
- 越尖的东西越容易戳破东西,高铁的车头做成子弹形,可以更好地冲破空气阻力,让速度更快。
- 高铁车厢密闭性好,可以隔绝噪音。

汽车

燃油汽车
- 启动汽车,接通电路,产生电火花;电火花点燃气缸里的混合气体,产生巨大的推力,推动活塞上下运动,经过一系列复杂的轴承设计,推动汽车轮子转动。
- 踩油门踏板会让更多汽油喷入气缸,和空气混合,充分燃烧,会产生更多能量,推动汽车发动机转得更快。
- 踩下刹车踏板,会启动刹车系统,产生巨大的摩擦力,让车轮慢慢停止转动。

电力汽车
- 要依靠电能来驱动车里的电动机运转,电动机再带动车轮转动。

无人驾驶汽车
- 头顶和四周有雷达,可以"感觉"周围有什么障碍物。
- 前面有摄像头,识别交通信号灯,看到前方车辆、自行车和行人。
- 汽车车头处和轮子上有传感器,能确定车辆在马路上的正确位置。
- 主控电脑能判断行驶路线,指挥车辆往哪边走。
- 能够通过无线网络和整个交通系统连起来,及时了解各条道路的交通信息,自动调整行驶策略。

乘车安全
- 发生交通事故时,汽车会紧急停止,车上的人可能会因为惯性被甩出去。
- 安全座椅可以把人固定住,材料还可以起到缓冲作用,减轻碰撞带来的冲击力。
- 汽车在发生碰撞后,碰撞传感器会迅速接通电流、点燃气囊的气体发生器,让气囊充满氮气,完全胀起,对人进行保护。

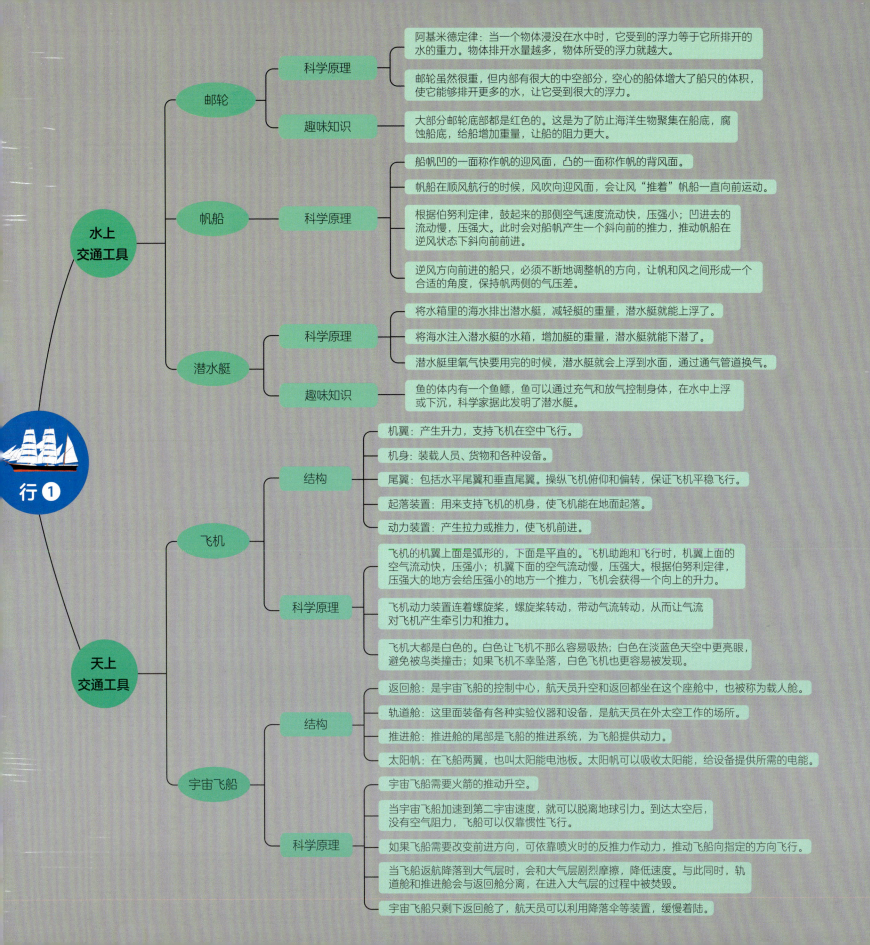

行 ❶

水上
交通工具

邮轮
- 科学原理
  - 阿基米德定律：当一个物体浸没在水中时，它受到的浮力等于它所排开的水的重力。物体排开水量越多，物体所受的浮力就越大。
  - 邮轮虽然很重，但内部有很大的中空部分，空心的船体增大了船只的体积，使它能够排开更多的水，让它受到很大的浮力。
- 趣味知识
  - 大部分邮轮底部都是红色的。这是为了防止海洋生物聚集在船底，腐蚀船底，给船增加重量，让船的阻力更大。

帆船
- 科学原理
  - 船帆凹的一面称作帆的迎风面，凸的一面称作帆的背风面。
  - 帆船在顺风航行的时候，风吹向迎风面，会让风"推着"帆船一直向前运动。
  - 根据伯努利定律，鼓起来的那侧空气速度流动快，压强小；凹进去的流动慢，压强大。此时会对船帆产生一个斜向前的推力，推动帆船在逆风状态下斜向前前进。
  - 逆风方向前进的船只，必须不断地调整帆的方向，让帆和风之间形成一个合适的角度，保持帆两侧的气压差。

潜水艇
- 科学原理
  - 将水箱里的海水排出潜水艇，减轻艇的重量，潜水艇就能上浮了。
  - 将海水注入潜水艇的水箱，增加艇的重量，潜水艇就能下潜了。
  - 潜水艇里氧气快要用完的时候，潜水艇就会上浮到水面，通过通气管道换气。
- 趣味知识
  - 鱼的体内有一个鱼鳔，鱼可以通过充气和放气控制身体，在水中上浮或下沉，科学家据此发明了潜水艇。

天上
交通工具

飞机
- 结构
  - 机翼：产生升力，支持飞机在空中飞行。
  - 机身：装载人员、货物和各种设备。
  - 尾翼：包括水平尾翼和垂直尾翼。操纵飞机俯仰和偏转，保证飞机平稳飞行。
  - 起落装置：用来支持飞机的机身，使飞机能在地面起落。
  - 动力装置：产生拉力或推力，使飞机前进。
- 科学原理
  - 飞机的机翼上面是弧形的，下面是平直的。飞机助跑和飞行时，机翼上面的空气流动快，压强小；机翼下面的空气流动慢，压强大。根据伯努利定律，压强大的地方会给压强小的地方一个推力，飞机会获得一个向上的升力。
  - 飞机动力装置连着螺旋桨，螺旋桨转动，带动气流转动，从而让气流对飞机产生牵引力和推力。
  - 飞机大都是白色的。白色让飞机不那么容易吸热；白色在淡蓝色天空中更亮眼，避免被鸟类撞击；如果飞机不幸坠落，白色飞机也更容易被发现。

宇宙飞船
- 结构
  - 返回舱：是宇宙飞船的控制中心，航天员升空和返回都坐在这个座舱中，也被称为载人舱。
  - 轨道舱：这里面装备有各种实验仪器和设备，是航天员在外太空工作的场所。
  - 推进舱：推进舱的尾部是飞船的推进系统，为飞船提供动力。
  - 太阳帆：在飞船两翼，也叫太阳能电池板。太阳帆可以吸收太阳能，给设备提供所需的电能。
- 科学原理
  - 宇宙飞船需要火箭的推动升空。
  - 当宇宙飞船加速到第二宇宙速度，就可以脱离地球引力。到达太空后，没有空气阻力，飞船可以仅靠惯性飞行。
  - 如果飞船需要改变前进方向，可依靠喷火时的反推力作动力，推动飞船向指定的方向飞行。
  - 当飞船返航降落到大气层时，会和大气层剧烈摩擦，降低速度。与此同时，轨道舱和推进舱会与返回舱分离，在进入大气层的过程中被焚毁。
  - 宇宙飞船只剩下返回舱了，航天员可以利用降落伞等装置，缓缓着陆。

思维导图

出行环境

马路

修一条马路
- 割开旧路面的沥青,挖掘机挖掉破碎的路面,卡车运走废弃的石头、沥青混凝土等。
- 整理路面,倒上土和石头,用平地机把路面弄平整,用压路机连续不断地碾压路面。
- 水泥搅拌机搅拌水泥、沙子、碎石等混合材料,搅拌好后把它们倒在压实的路面上。
- 水泥干了之后,洒水车洒水,摊铺机铺上沥青。最后,盖上塑料膜,等路面变硬。

音乐马路
- 根据不同乐曲的曲调设计切割出不同的宽度、深度和间距的小沟槽。
- 当轮胎与地面接触时,轮胎与沟槽撞击,让轮胎周围的空气振动,就会传出有韵律的声音。

交通信号灯和斑马线

信号灯原理
- 红灯:红色光的波长最长,穿透力最强,在很远的地方也能看得清清楚楚,用它表示"停止前行"。
- 黄灯:黄色光的波长略短一些,给人减缓放慢的缓冲效果,用它表示"缓行"。
- 绿灯:绿色光的波长和黄色光差不多,但和红色光的区别最大,易于分辨,用它表示"通行"。

斑马线
- 平行的白色粗线条,好像斑马身上的条纹。穿越马路的时候,一定要从斑马线上走。

雷雨天出行

打雷闪电的科学原理
- 空气中有许多水汽经过阳光照射,会蒸发上升形成积云。
- 积云不断加厚、扩大,变成浓积云。浓积云继续上升,遇冷凝结,形成厚厚的积雨云。
- 积雨云的上层有很多正电荷,下层有很多负电荷。云和云之间相互碰撞,产生摩擦,正负电荷就会开始放电。
- 闪电爆发的一瞬间,会"烫"到周围的空气,空气体积瞬间膨胀变大,从而产生雷。
- 闪电和打雷几乎是同时发生的,但光比声音跑得快,所以先看到闪电,再听到雷声。

注意事项
- 户外高大物体的尖顶容易被雷击中。不要在大树、高大的烟囱、广告牌等物体下避雨。
- 在雷雨中快速移动也容易遭到雷击。不要在雷雨中奔跑,或者骑自行车。
- 金属物体容易导电。打雷闪电时不要接触或接近各种金属物。
- 打雷的瞬间会产生强大的电磁场,让手机失去信号或者烧坏手机,所以打雷时不要接打手机。

避雷针
- 避雷针的尖端可以吸引闪电,再通过引下线和接地装置,将雷电产生的电流引入地下。

雪天出行

铲雪车
- 除雪铲:能随着车辆的前进,连续将厚厚的积雪从路面上铲起来。
- 抛雪筒:除雪铲遗留下来的积雪会被吸入这里,再被抛到路的一侧。
- 抛雪叶轮:叶片高速旋转,利用离心作用将积雪卷到路的两边。

除雪方式
- 融雪剂:一种化学制品,能够降低雪的融点,使雪更容易融化,但残留物对环境有伤害。
- 撒盐化雪:正常水的凝固点是 0℃,但是加入盐之后,就变成了盐水,盐水的凝固点要低得多,没那么容易结冰。
- 撒煤渣化雪:冰雪是白色的,不容易吸热。煤渣是黑色的,容易吸收阳光热量,能加快雪的融化。

辨别方向

如何辨别方向
- 上北下南,左西右东。
- 地球的南极会吸引磁针上的北极,地球的北极会吸引磁针上的南极。当指南针静止时,磁针永远一个指向南,一个指向北。
- 太阳东升西落,物体的影子则会从西向东移动。看影子的移动方向就可以找到东和西。
- 树木会向阳光好的地方生长。所以,北半球的树木靠南的一边枝叶繁密,树木长得粗壮,形成的年轮也会更稀疏。

海底隧道

建隧道
- 方法一:提前在陆地上建好一节一节的管道,把它们一个一个沉到海底。这些管道都是密封的,等它们沉到海底时再接通起来。
- 方法二:绕过海水,在海洋底下的岩石层里挖隧道。跟在普通山洞里挖隧道的方法一样。

隧道安全
- 隧道建好后会被埋在厚厚的淤泥里,还配备专门的人员对隧道进行定期维护和检修。
- 隧道里一般每隔一段距离会有一个安全门,方便紧急逃生。
- 海底隧道是在海底深处修建的,周围用坚实的混凝土全部封闭起来,看不见外面的鱼和海水。

行 ❷

电梯

升降电梯
- 组成 —— 电梯井道、对重、轿厢、驱动电机和牵引绳。
- 科学原理
  - 人乘坐的是电梯的轿厢，轿厢必须在电梯井道里运行。
  - 驱动电机和电脑控制器相连接。按下楼层按钮，驱动电机会牵引轿厢，让轿厢上升和下降。
  - 对重和轿厢差不多重。
  - 对重和轿厢之间是一个定滑轮结构。当轿厢下降，对重就会上升；当轿厢上升，对重就会下降。这样可以让轿厢运行时保持平衡。
- 安全
  - 不要在电梯里面打闹、玩耍；不要随便乱按电梯里面的按钮。
  - 不要用手扒电梯门；不能倚靠在电梯门上。
  - 发生地震、火灾时严禁乘坐电梯。
  - 被关在电梯里不要惊慌！快速按下电梯里面的报警电话按钮，等待救援。
  - 如果电梯突然下坠，请迅速按下每层楼的按键，然后将背部和头部贴紧电梯内墙，通过墙壁保护脊椎。等电梯停止下坠以后，再拨打电话或按报警按钮求救。

自动扶梯
- 科学原理
  - 自动扶梯有两个大齿轮和覆盖在上面的履带。大齿轮会紧紧地卡住履带，当齿轮开始转动，履带就会跟着齿轮循环往复地转动。
  - 履带的一侧紧紧连着一排小滚轮。当履带到达路面，滚轮就会让履带折叠成直角，方便人站立和上下。当履带进入电梯内部，履带又会变成平的了。
  - 自动扶梯是通过循环结构来运行的，可以随意调整运行方向。
- 注意事项
  - 不能反方向乘坐自动扶梯。遇到扶梯倒行时，我们要迅速抓紧扶手，压低身体保持稳定。
  - 黄色安全线都是危险区域，不要踩在上面。不要把脚踩在上下台阶的连接处。
  - 当扶梯发生意外时，可以按下急停按钮，使扶梯停止运行。
  - 乘自动扶梯不要穿鞋底太软的鞋。

游乐设施

热气球
- 结构
  - 球囊：由长条状的尼龙布制成。尼龙非常轻，但很结实，而且不容易烧着。球囊底部的尼龙裙摆处还要涂上特殊的防火材料。
  - 燃烧器：在球囊下面，燃烧液化石油气，周围的空气被加热后注入球囊。因为热空气密度小，比周围的冷空气轻，热气球就会上升。
  - 吊篮：驾驶员和乘客站立的地方，由藤条编织而成，四个角都连接着球囊。吊篮里还会携带备用的燃料气瓶。
- 飞行和降落
  - 风的大小和方向会随着高度发生变化，驾驶员只需调整上升和下降的高度，驾驭不同的气流，热气球就会跟着气流的方向前进。
  - 减小至慢慢关闭燃烧器的火力，球囊里的空气会慢慢变冷，就没有那么大的浮力了。当热气球的浮力小于自身的重量，热气球就会慢慢降落。

过山车
- 科学原理
  - 在爬升区，过山车会利用电力不断推动列车前进，让列车缓慢爬到顶端。过山车会因为爬高而获得势能。
  - 当到达最高点，在重力的吸引下过山车会向下俯冲，势能会不断转换为动能，让列车前进。
  - 到达连续回环区。在弯道处，人会受到离心作用。
  - 在减速区，过山车的车轮和轨道会摩擦产生阻力，空气阻力也会阻碍车子运行，它们合力让过山车慢慢减速。
  - 过山车加速上升时，人会感觉被一个无形的力压着，自己好像更重了，这种现象叫作"超重"。
  - 过山车从空中高速俯冲下来，离心作用抵消了一部分重力，让人感觉好像失去了重量，自己变得更轻了，这种现象叫作"失重"。

图书在版编目（CIP）数据

藏在衣食住行里的科学.4,行/歪歪兔童书馆编绘
.-- 北京：海豚出版社,2023.4
ISBN 978-7-5110-6316-8

Ⅰ.①藏… Ⅱ.①歪… Ⅲ.①科学知识–儿童读物
Ⅳ.① Z228.1

中国国家版本馆 CIP 数据核字 (2023) 第 035778 号

藏在衣食住行里的科学 4
行
歪歪兔童书馆　编绘

出 版 人：王　磊
总 策 划：宗　匠
监　　制：刘　舒
执行策划：熊丽霞　李　冉
撰　　文：刘　鹤
绘　　画：索俏俏
装帧设计：玄元武　侯立新
责任编辑：杨文建　张国良
责任印制：于浩杰　蔡　丽
法律顾问：中咨律师事务所　殷斌律师

出　　版：海豚出版社
地　　址：北京市西城区百万庄大街 24 号　　邮　编：100037
电　　话：（010）85164780（销售）　　（010）68996147（总编室）
传　　真：（010）68996147
印　　刷：北京博海升彩色印刷有限公司
开　　本：12 开（787 毫米 ×1092 毫米）
印　　张：18.67
字　　数：230 千
印　　数：10000
版　　次：2023 年 4 月第 1 版
印　　次：2023 年 4 月第 1 次印刷
标准书号：ISBN 978-7-5110-6316-8
定　　价：128.00 元（全 4 册）

买书更划算　当当童书馆　了解更多书　海豚出版社
天猫扫一扫　微信扫一扫　抖音扫一扫　微信扫一扫